AF357805

# LES
# SAINT-SIMONIENS.

ARTICLE PUBLIÉ DANS

## LA REVUE PROVINCIALE

SOUS LE PSEUDONYME DE JULES CAMBRAUT.

Par

### Alphonse de B.

## LYON.

IMPRIMERIE DE GABRIEL ROSSARY.

RUE SAINT-DOMINIQUE, N° 1.

1831.

# LES SAINT-SIMONIENS.

Dixi: insipiens in corde suo : non est Deus.<br>Ps.

M. De Maistre a dit quelque part : « L'homme en rapport avec son créateur est sublime, et son action est créatrice : au contraire dès qu'il se sépare de Dieu et qu'il agit seul, il ne cesse pas d'être puissant, car c'est un privilége de sa nature ; mais son action est négative et n'aboutit qu'à détruire. »

Jamais plus de faits ne se sont pressés à l'appui de cette vérité que dans l'histoire des cinquante ans qui viennent de s'écouler. Que de choses, que d'hommes, de constitutions, de monumens ont, dans cette période, surgi comme pour une éternelle durée, et sont désormais condamnés à un éternel oubli. Il en sera ainsi de tout ce que le génie de l'homme, abandonné à lui-même, a créé de nos jours. Il semble que, pour le confondre, on ait dit à Dieu : « Être éternel, tu vois l'orgueil de ce siècle ; eh bien ! accorde-lui tous les dons qui peuvent l'éblouir ; donne-lui le savoir, l'esprit, l'industrie, la richesse. Répands sur ses législateurs ce torrent de doctrines et d'idées positives qui impose; cette éloquence et cette logique qui, se servant du raisonnement comme d'un scapel, disséquent les institutions d'un peuple, n'y laissent rien subsister de ce que ce peuple doit à ses antiques traditions et à ses vieilles mœurs. Prodigue à grands flots la lumière; qu'il n'y ait si chétive créature dont la mission, sur cette terre, ne soit de raisonner; enfin, communique à ce siècle tous tes dons, tous..... moins la foi. » Cette prière exaucée, les événemens qui ont signalé notre époque devaient naturellement s'en suivre. Il fallait pour les compléter que l'homme se créât encore une religion. Aujourd'hui tout est accompli; saint Simon a parlé.

A son aspect les esprits se sont divisés en deux classes; les uns, vains et légers, n'ont répondu à ce philosophe et à ses disciples que par le sourire du mépris, arme naturelle dans un temps d'indifférence; d'autres se sont pris corps à corps avec eux, ont discuté les principes matériels de la doctrine saint-simonienne; mais, comme ils n'envisageaient pas la question d'en haut, et sous le point de vue religieux, ils ont seulement élevé un faible rempart, qui serait bientôt emporté, si la place n'avait pas d'autres défenseurs.

La voix de la religion s'est aussi fait entendre. Hélas! où sont ceux qui l'écoutent encore? où sont ceux qui la comprennent? parlez donc d'honneur et de vertu aux peuples dégénérés, de dévoûment à qui se dit patriote, d'humanité dans une guerre civile?

Nous n'essayerons pas de détruire le système religieux que la nouvelle secte tend à établir, avec les armes que nous fournit le catholicisme; non, cette tâche a été remplie vingt fois. Embrassant, dans leur ensemble, les erreurs qu'on nous prêche, nous nous adresserons à la raison, et aux plus chers intérêts de la société, pour les flétrir dans ce qu'elles ont d'odieux, d'immoral et d'impie; nous montrerons que c'est à tort que ces docteurs appellent leurs rêveries une religion et une doctrine; qu'ils sont aussi incapables de fonder un nouvel établissement religieux qu'un nouvel ordre social.

C'est vraiment une honte pour notre temps que de voir prendre au sérieux des absurdités, que rejetterait le bon sens d'un peuple encore dans l'enfance. Ne serait-ce pas que la fausse science humaine conduit au scepticisme, et que la punition infligée par Dieu à celui qui doute de tout, et de le forcer à croire aux choses les plus sottes et les plus fausses, en sorte que, pour ne pas admettre les vérités qui humilient son orgueil, il érige en principe des mensonges bien plus humilians pour sa raison et sa nature. Venons à l'enseignement Saint-Simonien.

J'espère prouver clairement qu'il ne fonde ni une *religion*, ni une *doctrine*, ni une *constitution*; qu'il établit au contraire *athéisme, ruine* et *désordre*.

Ce n'est pas une religion. —En effet peut-il en exister, une sans Dieu, sans culte et sans dogmes? avant de ressusciter le système de Spinosa il fallait répondre aux objections victorieuses qui l'avaient anéanti. Vous le reniez pour votre père, eh bien! écoutez sa voix et reconnaissez-la : L'*univers est Dieu*, dit-il, *il n'y a point d'autre Dieu que l'universalité des êtres*. Votre formule, à vous, est ainsi conçue· *Dieu est tout, et tout est Dieu*. Si Spinosa vous attaquait en contrefaçon, pas de doute qu'on vous condamnât aux dommages et intérêts envers ce sectaire, qui a au moins le brevet d'invention.

*Dieu est tout, tout est Dieu!* panthéisme monstrueux, qui se résout dans l'athéisme, ou plutôt dans le matérialisme pur. Ce n'est pas que vous confondiez l'esprit avec la matière, non, mais vous les faites concourir ensemble à former cet univers qui est à lui-même son Dieu. Je ne m'amuserai pas à discuter un système aussi choquant, je ferai seulement, à ceux qui le soutiennent, une petite question.

Dites-moi, Messieurs, si par cet axiome, *tout est Dieu*, il faut entendre que tout ce qui existe concourt à former un même Dieu? ou si chaque partie de ce monde, tant petite soit elle, est un Dieu distinct, ayant ses qualités et ses attributs, en sorte que l'univers se compose d'un nombre infini de Dieux, n'ayant de commun entre eux que leur nature?

Dans la première hypothèse, si tout ce qui existe concourt à former un même Dieu, nous sommes bien à plaindre; car ce Dieu changera à chaque instant de forme, les choses qui le constituent ayant pour premier caractère l'instabilité. D'ailleurs, comme, suivant vous, l'humanité est nécessairement *perfectible*, votre Dieu le sera aussi. En vérité, jamais cerveau d'enfant n'imagina une idole plus mesquine.

La seconde hypothèse est beaucoup plus amusante. Certes, que je suis fier en l'admettant; me voilà Dieu! Doucement, mon ami, ne t'élève pas si haut : vois ce petit grain de sable, qui est pareillement un Dieu; vois ce cheval, cet âne, et, chose plus humiliante encore, ces hommes que leurs passions ont rendu méprisables et vils à l'égal des animaux, tous sont autant de Dieux. Et comment nous entendrons-nous ensemble? Élémens antipathiques, nous nous détruirons les uns les autres? Non pas, s'il vous plaît : vous serez Dieux, chacun dans la sphère de votre destination; il y aura un Dieu-matière, un Dieu-intelligence, un Dieu-savant, un Dieu-pierre, un Dieu-brute, etc., etc. Dites-moi donc si je dors ou si je veille, car, en vérité, jamais homme en délire n'eut des pensées aussi extravagantes. Concluons : les Saint-Simoniens ne reconnaissent point de Dieu.

Point de Dieu, partant, point de culte.

Examinons leurs dogmes, soit religieux, soit moraux.

Voici d'abord ie fameux principe, *Dieu est tout* et *tout est Dieu*; pour celui-là, n'en parlons plus; si je le rappelle c'est qu'il donne naissance à cet autre : *La religion est l'ensemble des rapports de l'homme avec l'univers.* Ce second dogme est une conséquence nécessaire du premier, et le principe une fois tenu pour faux, vous savez ce que devient la conséquence. Quant aux dogmes sur l'autre vie, sur l'âme, etc., ils ne sont pas très-clairs. Il paraîtrait, suivant ces Messieurs, que la mort, simple modification de notre nature, fait rentrer chacun des élémens qui composent l'homme dans l'univers. Du reste, point de supplices pour les méchants, si donc!.... Et ces croyances consolantes qui encouragent la vertu, consolent le malheureux sur cette terre, soutiennent celui qui souffre, montrent au juste opprimé le jour de la justice? Saint-Simon les rejette. Que mettra-t-il à leur place? comment justifiera-t-il les biens et les maux inégalemens distribués en ce monde? je ne sais; j'ai vainement interrrogé, compulsé son livre, il ne me l'a pas dit.

Les dogmes moraux sont ceux-ci :

*Toutes les institutions sociales doivent avoir pour but l'amélioration morale, intellectuelle et physique de la classe la plus nombreuse et la plus pauvre.*

*Tous les priviléges de la naissance, sans exception, seront abolis.*

*A chacun suivant sa capacité, à chaque capacité suivant ses œuvres.*

Ces trois principes constituent, à proprement parler, leur DOCTRINE.

Je ne contesterai pas la vérité et la justesse du premier; seulement je ferai remarquer qu'il appartient au Christianisme et non aux Saint-Simoniens. Le fils de Dieu venant sur la terre, s'est adressé d'abord aux pauvres, en naissant pauvre comme eux. Voyez-le dans l'étable de Bétheléem, il se fait annoncer à des bergers; grandissant ensuite dans un atelier il donne l'exemple de la piété et de la soumission filiales; il ne recherche ni les honneurs ni les richesses, et s'il prouve par sa vie qu'une condition humble et cachée est préférable aux grandeurs et à la puissance, jamais il ne prêche le mépris de ceux que la providence a placés au-dessus de nous. Il veut qu'on rende à César ce qui est à César; il ne dit pas aux pauvres : dépouillez les riches de leurs biens, mais il dit à ceux-ci : donnez aux pauvres qui sont vos frères; méfiez-vous de votre opulence, parce qu'elle est une source de corruption; en vérité il est plus difficile à un riche d'entrer dans le royaume du ciel, qu'à un câble de passer par le trou d'une aiguille. Morale sublime ! qui, en consolidant sur la terre l'ordre nécessaire établi par Dieu, fait chérir à chacun son rang et sa condition. Par elle le riche devient charitable, et le pauvre est content de sa pauvreté. Aussi, suivez le développement de ces principes.

Partout où la religion se propage l'esclavage cesse, la société s'organise; la morale chrétienne, en établissant l'égalité de nature, fixe à chacun la place qu'il doit occuper pour l'ordre d'ici bas, et compense, en le dotant de plus de grâces spirituelles, le désavantage apparent d'une position obscure et malheureuse, selon le monde. Le peuple se dépouille de ses préjugés; on lui donne, non pas cette science vaine qui ne sert qu'à le détacher de ses devoirs, science de mort, enfantant la confusion et le désordre, mais cette science féconde qui lui fait connaître ce qu'il doit à Dieu et ce qu'il doit aux hommes. Enfin, comme institution politique, l'évangile est le modèle le plus parfait de constitution générale et universelle; à lui seul appartient la gloire *d'améliorer le sort de la classe la plus nombreuse et la plus pauvre*. Voyons comment les disciples de Saint-Simon se sont appropriés ce dogme.

Pour adoucir le sort de *cette classe nombreuse et pau-vre*, ils veulent qu'on procède au partage et à la division des biens. Ils prêchent; non pas la charité aux riches, mais la révolte et le pillage aux pauvres, établissant un équilibre de répartition qui, s'il était possible un seul instant, serait détruit le lendemain, en sorte que ce principe d'amélioration *constituant* dans le christianisme, devient *destructeur* dans la secte Saint-Simonienne.

De ce dogme ainsi entendu, découle naturellement *l'abolition des priviléges de la naissance.*

Ces priviléges, quels sont-ils? Enfant de la jeune France, je déclare ne les avoir jamais connus. J'ai bien entendu parler de puissans seigneurs, de hauts barons qui, autre-fois..... mais tous ces récits étaient pour moi comme de vieux portraits de famille, dont les perruques poudrées, les habits de velours, les manchettes à dentelles tranchent moins avec le costume mesquin des fashionables du jour que les us féodaux avec nos mœurs du 19ᵉ siècle.

Je m'aperçois que je me méprends; par priviléges de la naissance ces Messieurs ne comprennent pas les droits de la noblesse, la philosophie a pris soin de les détruire; tel-lement qu'aujourd'hui cette aristocratie, contre laquelle on s'est cependant élevé, n'offre plus que le triste spec-tacle de membres épars, sans force, sans liens, sans tête, incapables de former un même corps, plus incapables d'être animés d'un même esprit, et d'avoir une âme. Une aris-tocratie de cette nature est plus nuisible qu'utile dans un état.

L'hérédité, soit de la condition, soit de la fortune, cons-titue aujourd'hui les vrais priviléges de la naissance. Voilà ce dont on demande l'abolition. Il n'est personne que ce simple énoncé ne choque; voyons cependant sur quoi se fonde la prescription de droits aussi sacrés.

Les Saint-Simoniens divisent les hommes en *oisifs* et

*travailleurs*, et ils crient : Gloire à ces derniers, honte à l'indolence et à la paresse! jusque là rien de mieux. Pour anéantir la race des oisifs, ils se sont dit : Voilà des pères dont toute la vie s'est consumée dans un travail assidu; à la sueur de leur front, ils ont amassé une grande fortune, qu'ils vont transmettre à leurs enfans; ceux-ci se trouvant riches devront vivre sans rien faire; or, si à la mort de leurs pères ils ne recueillaient pas cet immense héritage, ils seraient forcés de mener une vie laborieuse; donc l'hérédité est une chose nuisible. Raisonnement de l'enfance, s'il n'est pas celui de l'imposture et de la convoitise. Quoi! pour faire rentrer dans la classe des travailleurs un petit nombre de propriétaires, qu'injustement vous appelez oisifs, vous allez décourager l'industrie et le travail, en les privant de leur plus douce récompense! vous voulez que le père de famille sème pour qu'un autre récolte; qu'il amasse pour voir sa fortune passer en des mains étrangères? mais c'est demander la ruine du commerce; c'est porter à l'activité humaine un coup semblable à celui dont vous frappez la vertu et le mérite, quand vous ne les distinguez pas du vice et de l'infamie dans les destinées de la vie future.

Je voudrais bien analyser ainsi toutes les sottises contenues dans ce gros volume, où est exposée la prétendue doctrine; je voudrais surtout pouvoir y mettre un peu d'ordre et de clarté, tâche longue et difficile, vu le peu d'espace qu'il m'est permis de consacrer à cette importante réfutation.

Il faut une grande attention pour trouver dans ce livre les principes Saint-Simoniens. Il faut dévorer souvent cent pages d'abstractions, de phrases aussi pompeuses que vides de sens, de vaines discussions sur des mots, que leur méthode consiste à embrouiller, avant d'en rencontrer l'énonciation. En général, il ne faut pas les chercher dans les chapitres qui sembleraient devoir les développer, si l'on s'en rapportait au titre. Ouvrant le volume, un beau jour, je tombai sur la troisième séance, qui traite de la *conception* de la *méthode*, etc. Oh! me dis-je, il y a ici de quoi glaner! je lus, je lus encore; devinez ce que j'appris? des choses nouvelles en vérité! savoir : que *dans l'exercice de l'intelligence humaine il y a deux modes distincts, la conception et la vérification, l'invention et la méthode*..... Quant à l'application de ces deux modes aux rêveries Saint-Simoniennes, il n'en est pas plus question là, que dans l'Alcoran. Cependant, je dois le dire, il y a quelque chose encore dans ce chapitre, on y lit : que dans la *méthode positive*, qui est toujours celle des *époques critiques* (pardonnez-moi ce jargon, que j'emprunte à ces Messieurs), l'esprit discute, raisonne, analyse toutes les théories, toutes les croyances. Or, cette méthode est bonne pour détruire, mais comme elle ne vaut rien pour réorganiser, et que notre époque est essentiellement *organique*, grâce à Saint - Simon, on ne doit pas l'appliquer à l'examen de leurs doctrines. Quelle maladresse! quoi! en présence de ce Christianisme, que vous prétendez anéantir, de ce Christianisme qui a triomphé de toutes les hérésies, qui est sortit vainqueur de toutes les luttes, vous venez nous dire qu'un examen trop positif, trop matériel, trop méthodique renverserait l'échaffaudage sur lequel vous bâtissez votre édifice religieux et social? Oh! Messieurs; cachez ce bout d'oreille, je vous en prie, laissez-le nous découvrir, et ne le montrez pas vous-même.

Autre part, ils nous accusent, et rejettent sur notre tendance révolutionnaire, le mauvais accueil que nous leur faisons : «Tout ce qui semble destiné à rétablir l'*ordre* et l'*unité*, disent-ils, prend à vos yeux obscurcis par la méfiance, l'apparence d'une tentative de rétrogradation (*).» Qu'est-ce à dire? nous appelerions *rétrogradation* tout ce qui

_______________

(*) Page 77 de la doctrine.

tend à rétablir l'ordre, depuis quand le désordre est-il un progrès? quelle idée vous faites-vous donc de l'anarchie, puisque la *perfectibilité* à laquelle nous tendons est ennemie de l'*ordre* et de l'*unité*? Gardez pour vous, Messieurs, des opinions aussi absurdes, et ne nous les prêtez pas; effacez, effacez cette phrase, ou renoncez à parler ailleurs que dans les clubs et dans ces repairs affreux qui, aux jours des émeutes, vomissent dans nos villes les hordes sanguinaires qui les désolent.

Je crois avoir prouvé que votre *religion* est une conception monstrueuse, que votre *doctrine* est destructive de toute organisation et de toute société; il me reste à montrer que c'est en vain que vous prétendriez établir une CONSTITUTION.

Toutes les sectes ont cela de commun, qu'habiles à détruire ce qui existe, elles sont incapables de rien mettre à la place. Pourquoi? parce que détruire, ou du moins désorganiser, est le fait de l'homme, tandis que à Dieu seul appartient le pouvoir de créer et de constituer. Je pourrais, développant cette pensée, faire voir que plus une société a en elle de principes de dissolution et de mort, plus elle tend à renverser les institutions premières qu'elle tient de ses mœurs, de ses croyances, de la tradition et des coutumes de ses fondateurs. Alors surgissent de toutes parts des esprits qui se croient appelés à la régénérer; ils ont à la bouche ce grand mot CONSTITUTION, et les masses se laissent prendre à cette amorce; comme si quelques vaines formules, jetées sur du papier, pouvaient s'appeler des loix. Ce n'est pas de la tête des savans ou des diplomates, ce n'est pas des délibérations d'un corps législatif que doit sortir un code bon à régir un peuple, non, c'est dans le cœur et dans les mœurs de ce peuple qu'il faut chercher ce code; vous l'y trouverez écrit de la main de Dieu même. Mais revenons au sujet.

Je demanderai aux Saint-Simoniens à quoi bon une constitution dans un état qui en a déjà une ? Celle que nous ap-
portons, me répondront-ils fièrement, ne s'inquiète guère
de ces misérables règles politiques bornées et étroites,
qu'il vous plaît d'appeler constitution; la nôtre est grande,
large; elle embrasse l'univers; que nous font vos codes et
vos chartes? il faudra bien qu'on les retrempe dans la morale Saint-Simonienne. Notre édifice s'élève appuyé sur
cette triple base :

*Tous les biens sont communs;*
*A chacun suivant sa capacité;*
*A chaque capacité suivant ses œuvres.*

Laissons de côté, pour le moment, la communauté de
biens, nous y reviendrons plus tard; examinons les deux
autres principes : *à chacun suivant sa capacité!* C'est à mer-
veille, voilà la terre divisée en autant de capacités qu'elle
contient d'habitans; et, pour nous restreindre, voilà en
France trente-deux millions de capacités. Le difficile sera
de les classer. Qui sera le juge de ces diverses capacités?
vous, Messieurs? et à quel titre? — Parce que nous sommes les plus capables. — Vous êtes trop modestes. Et
comment apprécierez-vous le mérite? — Par les œuvres de
chacun. — Embrassez-vous donc toutes les connaissances
humaines pour juger des œuvres en tout genre? et, dans
des genres différens, comment fixera-t-on la supériorité
de telle capacité sur telle autre? — Les artistes auront le
pas sur tous. — Pourquoi pas les sciences? pourquoi pas
l'agriculture, ce premier besoin de l'homme matériel?.....
Ainsi le plus capable d'une classe viendra après le moins
capable d'une autre, parce que ce dernier sera dans une
classe supérieure? je m'explique : M. Cuvier, quand vous
aurez daigné l'apprécier, sera certainement la première
capacité dans la classe des savans; eh bien ! je suppose que
cette classe vienne après celle des artistes, M. Cuvier sera

au-dessous de Mᵐᵉ Malibran, qui plus est, au-dessous du dernier ménétrier de village.

Ou bien, s'il n'y a pas de distinction par classe, chaque capacité sera rangée selon son mérite, n'importe dans quel genre il s'exerce. Or, Sakosky et Staub sont plus avancés dans l'art de perfectionner les souliers et les habits que M. de Humbold dans la connaissance des secrets de la nature, ils seront donc au-dessus de ce savant. Odry est certainement, dans son genre, un comédien, je veux dire un homme plus habile que vous tous, Messieurs les prédicateurs, si donc il n'y a point de classification par état, je vôte pour qu'il soit pape. Tout ceci est une plaisanterie, venons au sérieux :

*La communauté de biens* est un des principes de votre prétendue constitution. Principe constituant en effet que celui qui bouleverse toute la société ! Quoi pour faire du genre humain une seule et même famille, vous détruisez les liens sacrés qui unissent les pères aux enfans, les époux aux épouses et les parens entre eux ! Depuis quand, pour consolider une chaîne, brise-t-on les anneaux qui la composent ? Vous vous glorifiez de frapper l'oisiveté, et pour encourager l'homme qui travaille, vous le frustrez de sa plus douce récompense qui est la transmission de ce qu'il a gagné à ses enfans ! Espérez-vous que des pères, que de tendres mères, au mépris de la voix divine qui crie dans leur cœur, se reposeront sur vous du soin de nourrir et d'élever ce qu'ils ont de plus cher au monde ? La communauté de biens ! ces mots sont affreux ! O vous, qui avez encore des oreilles pour entendre, écoutez ce qu'ils signifient ! plus de propriété quelconque ; terres, femmes, enfans, sont à la merci de tous ! la société n'est plus qu'un amas de sauvages, d'orphelins et de bâtards jetés sur cette terre comme les animaux dans les forêts. C'est ainsi qu'on se vante d'agrandir l'homme, de l'élever au-dessus des préjugés qui choquent sa raison, et pour lui faire subir une chute plus humiliante que la première, on lui crie encore : « tu seras semblable à Dieu ! »

Qu'on ne me dise pas : « vous comprenez mal la doctrine Saint-Simonienne quand vous soutenez qu'elle veut la communauté des biens. » Cette objection a été faite par ces Messieurs et voici comment, repoussant cette accusation, ils prouvent qu'ils ne ressuscitent pas le principe de la loi agraire. *Nous demandons que tous les instrumens du travail, les terres et les capitaux, qui forment aujourd'hui le fond morcelé des propriétés particulières, soient réunis en un fond social, et que ce fond soit exploité par* association *et* hiérarchiquement, *de manière à ce que la tâche de chacun soit l'expression de sa* capacité, *et sa richesse la mesure de ses œuvres.... mais nous ne voulons pas la* communauté. »

Comprenez-vous la distinction? — Non. — Attendez, je vais vous mettre sur la voie. Le principe, que tout doit être commun, ne doit s'entendre que pour l'établissement de la société nouvelle, jusqu'à la répartition des biens à chacun suivant sa capacité. Ce mode une fois établi, nous jouirons en paix de ce qu'on nous aura donné ; de sorte qu'à l'aristocratie de la naissance, à l'aristocratie des richesses, succédera l'aristocratie des capacités, dont ces Messieurs seront les rois, princes, ducs, barons, et seigneurs, comme étant les plus capables.

C'en est assez : une discussion plus longue serait superflue. Je veux maintenant déchirer le voile qui nous cache ces mystères de sang, de ruine et de désolation. Si j'ai préalablement raisonné, c'est que dans un siècle positif et ergoteur, il faut s'emparer de l'esprit et de la raison avant de parler au cœur, à l'âme et à la foi. J'ai suivi cette marche, et je crois, qu'à moins d'avoir un triple bandeau sur les yeux, il est impossible de n'être pas convaincu de la fausseté des principes Saint-Simoniens. Terminons par quelques réflexions.

Des germes de désordre ont été jetés dans le monde : voilà quarante ans qu'ils ont grandi, portant des fruits amers, et aujourd'hui, s'étendant partout, ils menacent l'Europe d'une conflagration universelle. Une guerre civile dans laquelle les masses prennent part n'est jamais une guerre d'opinion, car les masses n'en ont aucune et sont destinées éternellement à obéir à une autorité quelconque ; c'est une guerre d'intérêts, c'est la lutte terrible de ceux qui ont quelque fortune avec ceux qui n'ont rien. Le peuple, par cela seul qu'il est peuple, alors même qu'il est plus jaloux de sa souveraineté, est porté naturellement à se choisir des chefs, ou à se soumettre à ceux qui, ayant d'abord embrassé sa cause, le dominent ensuite par la supériorité de l'audace, du rang et des lumières. Le jour n'est peut-être pas éloigné où nous serons témoins de ce triste spectacle. D'autres que nous l'ont prévu ; et, au lieu d'en gémir, ils ont résolu d'exploiter cet affreux avenir à leur profit.

Ils ont établi des clubs, où leur éloquence satanique explique ces trois mots : *liberté, égalité, ou la mort.* Voyant ces clubs trop peu nombreux pour former des hordes capables de bouleverser un pays, ils ont pris la houlette du bon pasteur ; ils ont adouci leur voix et leur langage ; au nom de la paix, de l'amour, de la sympathie, de ce qu'il y a de plus doux sur la terre, ils sont venus prêcher en public la révolte, la haine et la terreur. Mais le voile sous lequel ils cachent leurs doctrines est aussi transparent que celui dont ils couvrent leurs personnes. La voix a trahi le loup sous la peau de l'agneau, la philantropie du mercenaire a été comparée à la charité du bon pasteur, et le mystère d'iniquité a été compris.

Qu'il me soit permis, en finissant, de faire entendre à

l'appui de ma voix, celle de l'histoire ; cette voix si souvent méconnue, sera peut-être ici de quelque autorité. Dans l'origine de la secte des Anabaptistes, la haute Allemagne fut désolée par suite d . doctrines que nous venons de combattre. Des disciples de Luther, se séparant de leur maître, prêchèrent, l'évangile à la main, qu'il fallait anéantir toute distinction de naissance, de rang et de fortune ; que tous les chrétiens devaient mettre en commun leurs biens, et vivre ensemble dans une parfaite égalité. (*) « Ces idées, tout extravagantes qu'elles étaient, dit W. Robertson, flattaient trop les passions du cœur humain, pour ne pas faire des impressions profondes. » Les paysans s'en emparèrent, et non contents de les adopter, ils voulurent forcer chacun à s'y soumettre... Se rendant maîtres des villes, ils déposent les magistrats ; se partagent les terres et les biens des nobles, brûlent leurs titres, et leur imposent l'obligation de prendre l'habit de paysan. Bientôt ceux qui les avaient endoctrinés s'établissent leurs chefs, usurpent l'autorité, et tirant les dernières conséquences de leurs principes, proclament le divorce et la communauté des femmes. Boccold ou Beükels, compagnon tailleur de Leyde, un de leurs chefs, en épouse quatorze ! De la débauche à la barbarie il n'y a qu'un pas ! Une d'elles laisse échapper quelques mots annonçant des doutes sur la divinité de la mission dont se glorifiaient ces sectaires ; Boccold lui tranche la tête et les treize autres se prenant par la main dansent en rond avec une joie frénétique, autour du corps sanglant de leur compagne !... Faut-il redire ces scènes de carnage et d'abomination? cette effroyable anarchie?....

(*) « Prenons garde d'offenser Dieu par notre arrogance, disait Thomas
« Muncer aux paysans, tous les hommes sont égaux à ses yeux : qu'ils re-
« viennent à cette égalité dans laquelle il les a fait naître : qu'ils mettent tous
« les biens en commun, et qu'ils vivent ensemble comme des frères, sans au-
« cune marque de subordination ni de prééminence. »
Seckend. l. XI° p. 13. Sleid. Hist. p. 83.

hélas ! les mêmes doctrines produiraient encore les mêmes fruits ! et ces doctrines, je frémis de l'avouer, ne sont que le développement de celles que depuis quinze ans le libéralisme s'est efforcé d'établir. La transmission héréditaire de la couronne était liée, plus qu'on ne le pense, à la transmission héréditaire des biens, et les lois qui régissent chaque famille, régissaient aussi la grande famille française, dont le monarque était le père. Celles-ci ont été violées, que deviendront les autres ?..... L'avenir nous répondra. Déjà sa voix redoutable nous fait trembler d'avance.

Note. J'ai voulu publier cet article tel qu'il a été imprimé dans la *Revue provinciale*. J'aurais pu, agrandissant mon cadre, combattre un grand nombre d'opinions absurdes développées par les Saint-Simoniens pendant leur séjour à Lyon.

Nous leur avons entendu dire, par exemple, que le catholicisme n'existait plus ; qu'il n'était pas donné à cette religion de produire des hommes illustres, etc., etc. Ignorans ou imposteurs, dans l'appréciation des faits religieux et historiques, ils ont eu l'art de présenter chaque époque d'une manière fausse ou incomplète, la dénaturant au profit de leur système. Mais toutes ces opinions ne sont qu'accessoires à leurs principes, et j'ai pensé qu'en attaquant l'édifice par sa base le reste tomberait naturellement.